La suma de los daños
Andrés Moreira

Título: *La suma de los daños* ©
Autor: Andrés Moreira
Primera edición de Casasola Editores, 2020 ©
Fotografía de portada: Mario Ramos
Diseño de Portada: Mario Ramos
Diagramación y cuidado editorial: Óscar Estrada
Revisión del texto: Pablo Antonio Alvarado Moya
78 páginas, 5.25" x 8"
ISBN-13: 978-1-942369-38-7
Casasola Editores ©

Impreso en Estados Unidos.

Casasola LLC
1619 1st Street NW Apt. C Washington DC 20001

casasolaeditores.com
info@casasolaeditores.com

La suma de los daños

Andrés Moreira

www.casasolaeditores.com

Andrés Moreira (Nicaragua, 1991).
Poeta y editor. Hizo estudios de Lengua
y Literatura Hispánicas en la Universidad
Nacional Autónoma de Nicaragua
(UNAN). Además participó en el curso
"Literatura y Memoria: Chile a 45 años
del golpe militar" en la Universidad
de Costa Rica (UCR) y en el congreso
"XVIII Jornadas Andinas de Literatura
Latinoamericana de Estudiantes" en la
Universidad Nacional de Costa Rica
(UNA). Algunos de sus poemas han sido
traducidos al italiano y al inglés, y fueron
publicados en la revista digital del Centro
Cultural Tina Modotti y en la página web
de Casasola Editores, respectivamente.
Ha colaborado en revistas internacionales
como *Central American Literary Review*
(Nicaragua), *Círculo de poesía* (México),
Revista Antagónica (Costa Rica), *Letralia*
(Venezuela) *La ZëBra* (El Salvador) y
Revista Ágrafos, de la que es miembro del
consejo editorial.

"Todo se quedó en el tiempo.
Todo se quemó allá lejos"

Joaquín Pasos

"Yo nací en mala luna.
Tengo la pena de una sola pena
que vale más que toda la alegría"

Miguel Hernández

A Patricia, por conservarme vivo

BITÁCORA DE EXTRANJERÍA

"Sólo viajero
quisiera ser llamado.
Primer chubasco"

Matsuo Basho

I

Primer mes,
abrigo día y noche.
Voy a casa.

II

Hace frío,
me descubren extranjero.
Uñas con tierra caliente.

III

Cae el vestido,
tus senos se asoman,
mis pupilas dilatadas.

IV

Sobre los trastos, grasa
y restos de comida.
Sopla consolador el aire.

V

A Luisa Elena Estrada

La gente de esta
ajena ciudad.
De pronto el abrazo.

VI

Llueve de madrugada.
¡He escrito un "verso memorable"!
No tengo nada para desayunar.

VII

Ciudad sobre ríos.
Comen carne humana
sus edificios.

VIII

San José de noche,
en sus calles nebulosas,
mi futuro incierto.

IX

Así es.
Nunca reparé
en tus labios abrasados.

X

A Roberto Carlos Pérez

Ahora que el fuego
consumió mi casa
nada me distrae.

XI

No me arrepiento.
No desandaré
los caminos.

XII

A Fabián Zuce

Crece el mes hasta morir,
no hace falta alimento,
el alquiler acecha.

XIII

A Diego Quintero

Segundo mes
y duelen entrañables
los amigos que se quedan.

XIV

A Michael Navarro

Sentados en la cuneta,
seguros de amar
el vino barato.

XV

Para Aldo

La hermosa mesera sonríe,
si Vásquez estuviera
compondría un poema.

XVI

Yendo a Heredia,
su cielo arde,
casi es Managua.

XVII

Para Erick Quesada Garita

La última noche.
Los amigos se despiden,
a la vista Heredia.

XVIII

Escribo, borro, reescribo
y vuelvo a borrar.
Nada florece.

XIX

La luna llena,
ellos se sorprenden.
Yo no, la tengo en mi puerta.

XX

A Carlos Daniel

Seis países comieron
en la mesa.
No era Babilonia.

XXI

A Nicole Bolaños

Sentada en el sofá
ladea el cuello.
Sonríe su mirada.

XXII

A los que se despiden

Adiós. Aunque no regrese,
sabrás esta noche eterna.
El vino no anulará la memoria.

XXIII

Para Ian Briceño

Volví a Managua,
tenía un amigo menos.
Era el último.

XXIV

Para K. Alberto Moreira

Mañana seré menos joven.
Hoy no gané un centavo,
escribí un verso.

XXV

La noche huele a flor,
no sé su nombre.
Poco importa.

XXVI

Desde el bus oigo
las paredes susurrar
genocidio.

XXVII

A Diana Moreira

Llueve con sol.
La brisa posada sobre las hojas
como yo a la vida.

XXVIII

Mis veintisiete años
no son trágicos cuando
a otro pertenecen.

PALABRA HÚMEDA

"Mañana, pasado mañana,
o al cabo de los años serán
escritos los versos vigorosos que
aquí tuvieron su principio"

C.P Cavafis

Dánae

"Oh boca vertical de mi amor,
los soldados de mi boca
tomarán por asalto tus entrañas (...)"

Apollinaire

Este cuadro de Klimt me recuerda a vos,
-ese que no vimos
cuando no visitamos la Galería Würthle en Viena-
Acostada en mi cama, con tus piernas izadas,
los ojos cerrados, te abrís
silenciosa y *sedienta*
como biblia...
ahí es donde cae la lluvia dorada,
desde mi lengua que paladea tu granada carmesí
y mis dedos que se multiplican
al ritmo de tus espasmos.
Conozco la palabra que buscás,
es mi nombre empapado
en sangre
para recitarlo y quedarte dormida
como flotando en líquido amniótico.

Carburaciones

*"Óigame usted, bellísima,
no soporto su amor"*

Eduardo Lizalde

El aire baila   in   tan
              cons   te
entre sus pistones
de materia reluciente y humeante
el motor V-Twin 1200 cm^2
carbura por sus jeans acaderados
se retira y regresa
nunca igual al instante anterior
en la carretera arterial
donde habita el durmiente que esconde
palabras en su pecho
manía de mar en madrugada
petróleo que se flagela
Efecto que causa
el Infecto
de Afecto
al aire
que danza entre sus pistones, engranajes y cilindros
a la tierra que toca Isabel
las bardas derrumbadas al impacto
si fuera usted un poco menos bella
si tuviera los pies ahuesados
 y las nalgas inergonómicas al asiento
de esta desteñida motocicleta V-RodMuscle
no tendríamos que acelerar
cada vez que el semáforo
cambie a ROJO.

Beatriz

Beatriz, de este despojo
saltaste por última vez.

De espaldas
¡cómo adoré tu espalda
                    salpicante de condescendencia!
No quiero una despedida
que tus ojos
atiborrados de alfileres
no escruten los míos
coloreándolos alcalinos.
Que el abrazo lo apresure
el calor y el hambre de este mediodía
antes que el mundo se convierta en humo.

Los cuerpos

Los cuerpos esparcidos
entre dunas,
entre pieles arenadas.
Inenarrables las manos evocan
poros devorando extremidades
lenguas húmedas y escorzadas:
como bocas que besan bocas
como bocas que besan labios henchidos.
Caderas que irán oscilantes.
La cascada se vuelve río y cenote
en el abismo donde nace la luz.

Otro texto para celebrar tus senos

Tus senos se posan en mis labios
y tus botones retan a mi lengua
en un vaivén de santos andariegos
¡esos son!
Santos cálices
que sostienen tu cuello.
Se refractan en ríos puestos de pie
como en reverencia.
Mis dientes pierden filo.

Poema ajeno

Para Elena

Te prometí un poema
una de tantas noches.
Dije que lo escribía,
que estaba irresuelto
y disimulado en mi
                    escritorio,
tantos que he disipado.

Lo planteé rumiando
          en el tatuaje que descubrí
habitando en la parte inferior de tu espalda,
una de tantas noches.

Quise escribirte un poema...
lo intenté edípico,
yo viviendo en tu marsupia
alimentándome de tu sangre
hasta crecer y verme morir.

Medianoche

Son los clavos de acero menos inflexibles
que la sutura de unos labios.
La quietud es cabal y las pupilas han florecido.
Ahora la uña se traba en la cúpula.

La medianoche se hace de todo este mundo
menos este poema.

Mujer oficinista que cruza la calle

"Los campos, el sosiego, las casitas, el bosque,
las caras rojas y fuertes, los miembros
de los trabajadores, los caballos cansados, etcétera"

Umberto Boccioni

Claxon,
los tacones con pies se multiplican.
Bus,
la pierna ajustada a la falda de la oficinista.
Taxi,
apurados van todos.
Sol,
son las 8:00 am del lunes.
Asfalto
y un sostén se azota.
Caliente
-sostenidos por los tacones con pies
de la mujer oficinista que cruza la calle–
contra un par de senos bizcos.

Preludio para una despedida

Un día no tendrás la certeza
de mi voz dirigida hacia tus ojos
cuando lea en público.
El ritual será profanado.
Dejaremos el tedio de grabar
y enviarnos mensajes de voz
sólo por el placer de sacarnos el aliento.

Ese día, llevaré conmigo una llamada
que contiene quince minutos de tu entrecortada voz
leyendo un poema Bohórquez
que habla de un hombre treintañero, triste y apátrida
que a veces escribía poemas, como yo.

Un día amaré a otra
y ya no te leeré ni me leerás poemas.
Ella, no me leerá
porque no le interesará la poesía ni los poetas
pero sí amará al hombre triste
y apátrida que a veces escribe poemas.

MEMORIAL DEL FUEGO
(A los torturados, secuestrados, desaparecidos
y exiliados)

"Lloré así y canté. Aullando los perros
perseguían a los muchachos y los
guardias sitiaban.
Lloré y más fuerte mientras los
cuerpos caían"

Raúl Zurita

Plegaria
(Poema para leer durante un genocidio)

Dios, te ruego que sus armas se atasquen
/y sus manos se cercenen,
que el francotirador pierda la vista y una pierna,
cegalo con la luz que no tenemos.
Apagá la existencia de quien da la orden de fuego.

Dador de vida,
encendé brasas
entre las vísceras del tiranuelo que dejaste nacer.

No quiero un Moisés, ni otro mesías.

Dios de amor, tené piedad de mis madres,
ellas aún te rezan arrodilladas por saber
/a mis hermanos a tu lado.
Dios, soy aquel que ayer y hoy reniega de tu existencia.

Muerte

Para Ariel y Salvador,
los poetas atrincherados

Es de noche,
te veo desde un agujero de la barricada.
Venís a salvarme del desconcierto de las horas,
venís a salvarme de las horas
venís delgada,
como un disparo.
Venís
con tu espectro de silencio.
Escarbás mi tráquea en un parpadear de vida.
Hace frío
ya estás conmigo.

Mayo, 2018.

Abril

(Poema para leer después de un genocidio)

> *April is the cruellest month, breeding*
> *Lilacs out of the dead land (...)*

The Waste Land, T.S. Eliot 1922.

He aquí el último poema que escribo.
Esto no significa que ya no encuentre
                    versos en la deriva nocturna,
ni que no los hayan
ni que nadie más pueda encontrarlos
                    o tropezar con ellos.
Sucede que, desde el invierno de abril del 2018
Quiero escribir, y el llanto no me deja.
No son versos,
son lágrimas que encuentro y luego cargo
            como un féretro
                con cientos de cadáveres dentro.

Nocturno en San José

La poesía no habita en mí.
Sin embargo, la busco.
La busco en esencias ajenas como el pan
que me alimenta.
La poesía se esconde, huye esta noche y no me espera.
Se esconde de mis manos fétidas a evocación y tristeza.
Me es imposible sembrar girasoles, Francisco.
Ni en el asfalto y menos sobre edificios acuclillados.
Hoy es viernes y en San José hace tristeza con frío.
Pienso:
"¡En Managua jamás sentí congoja como esta!"
¿Y qué es este frío?
La poesía aparece sin poema.

8 de julio*

Para Eduardo Rappaccioli,
por compartir la búsqueda

Feliz cumpleaños, Eduardo.
Hoy te llegará plomo de regalo.
Caminá tranquilo porque hoy moriste un poco más
y celebrás la muerte como el obsequio
que traen los reyes carniceros con un poema.
Ya tenemos casi treinta años, poeta,
y estamos lejos de casa.
El paisaje que ahora nos rodea es ajeno.
En las calles hay un olor familiar a mierda
pero en el fondo sabemos que no es nuestro.
Estamos lejos de lo que fuimos hace sólo diez años,
la inmortalidad ahora es mito.

---

*El 8 de julio de 2018 en Carazo, Nicaragua, la dictadura Ortega- Murillo ordenó el inicio la llamada "Operación Limpieza" en la que participaron cientos de paramilitares con armamento bélico. Según los reportes del Cenidh la cifra ascendió a 38 muertos incluyendo varios policías.

Fernando

"Andrés
Tu piedra es mi esperanza"

Fernando Gordillo

Fernando,
mi piedra nunca fue esperanza de nadie.
Ha pasado casi medio siglo y ya ves,
siempre lo mismo.
Pudo más el dólar que la sangre.
Toda la tierra, Fernando.
Desde Alaska hasta la Patagonia
desde esta esquina hasta las otras esquinas.
No tienen lágrimas para llorar ninguna patria.
Ya no hay piedras sino balas.
¡Disparó!
A casi medio siglo de distancia, el enemigo,
es el mismo:
                nosotros.

Hoy, hijo mío...

"Mañana, hijo mío, todo será distinto..."
Edwin Castro

Hoy, hijo mío, nada es distinto.
La angustia sigue marchando
a paso firme sin encontrar fondo.
El campesino es decapitado, cercenado
y mutilado por quitarle la tierra suya.
Que es poca, pero ya no es suya.

Las hijas del obrero y campesinos
son las prostitutas de los poderosos, como vos.
No hay pan y menos vestido
porque su trabajo no merece ser pagado.
Las lágrimas se mezclan con sangre en las calles.

Hoy, hijo mío, nada es distinto.

Caen bombas lacrimógenas, hay cárcel
y disparos de Dragunov
para quien ose levantar la voz.
No puedo caminar por las calles
porque ninguna ciudad es mía,
ni de tus manos y de las manos de tus hijos.
Encerró la cárcel tu juventud
Como también encerró a los míos
y morirás exilado.
Hoy, hijo mío, todo sigue siendo igual, o peor...

HOMBRE ROTO

*"He venido por enésima vez
a fingir mi resurrección"*

José Watanabe

Elegía

"Que te fuiste con ella
Creyéndola virgen como todos los poetas
(si se tira a todos la muy putísima)"

Anastasio Lovo

I
Hace algunas noches soñé
que un bruto disparaba directo en tu sien
y te derrumbabas
en comunión con el pasto.

II
Nadie crispaba rostros
¿para qué crispar la condescendencia?
tu amigo miró tras el vidrio,
leyó la "Elegía por Enrique Linhn".
Pareciera que planeás una reunión con ella.
Reunión sin los protocolos de antes, como íntimos
/amigos. A como se los lleva a todos.

III
Siempre confesaste estar adepto a ella de su sosiego,
de su mano fría,
de su enigma,
de su incertidumbre.

Del tiempo

No sabías amarrarte los cordones...
¿Recordás? Escuchaste sobre
la distancia que hay de aquí a
los labios nocturnos de tu madre,
esa historia fantástica
del hombre
evolucionado a cucaracha.

Más tarde, a mediodía,
cuando ya sabías beber como
los hombres y mujeres solitarios,
leíste la misma historia (plagiada de tu madre).
El sueño coronó tus ojos
y odiaste a Gregorio Samsa.

Ahora que los zapatos te ciñen los pies
And the afternoon, the evening, sleeps so peacefully!
Gregorio, te has eterizado y exánime,
más que tu madre
(¿o era cucaracha involucionada a humano?).

El oficio de creer

*"Por el aliento de Dios perecen,
y por la explosión de su ira son
consumidos."*

Job 4:9

Señores, he decidido no renacer
y no vivir eternamente
(la vida eterna es absurda y renacer, egoísta)
también decidí caminar
sin miedo por estos picos
donde abrí los ojos
la tarde del suicidio del nazareno
¿y en qué va a creer este hijo de hombre?
-Se preguntarán molestos-
"Pobre, ha perdido la fe"
-murmurarán compungidos –
creo en la sonrisa de un niño cadavérico
creo en el llanto de un árbol
creo en la degradación
de los cuerpos por benévolos gusanos.
Pero no creo en su dios,
ese que ama con ira, y amándolos, se iracunda
-les responderé-.

Canción del águila

"Sobre tu rostro
Crecerá otra cara"

José Emilio Pacheco

Llegará la tarde donde las alas pesen
el vuelo será casi insostenible
las garras se tornarán espumosas
las presas se escabullirán
burlonas entre los matorrales
el pico-guadaña servirá para herir el pecho.
Entonces será necesario volar
entre ventiscas y nubes de carbón
para anidar en la montaña y no morir.

Se deberá partir el pico contra la pared
tragar sangre hecha de palabras
y esperar a que crezca
con el lenguaje renovado
con la palabra tierna.
Arrancará las garras con el pico
y esperará paciente a que crezcan
con nuevas caricias y zarpazos
con los espolones afilados.

Será preciso desvestirse del plumaje pesado,
                                    /hediondo a viejo
quedar desnudo ante el frío
esperar largos meses para que crezcan
regresar volando con los que antes llamó amigos
y ahora no lo reconocerán.

Para el niño de 1997

Existen tardes en las que trabajosamente
logra sentarse frente al escritorio,
y se parte en llanto.
La tarde en que muera -porque así lo decidió-.
Olvidarán que fue un mal hijo,
un mal hermano, un mal amante,
un mal poeta y un mal amigo.

Todos olvidarán que fue un mal padre.
Que fue malo aprendiendo,
un mal cristiano.
Que nunca ganó en nada y
aceptó la derrota como un vencido.
Olvidarán que les dió la espalda.
Que no encontró el verso definitivo
                                    (lo más vergonzoso)
También su holgazanería y negligencia
                                    serán borradas.
Todos olvidarán que desertó de todo,
                                    hasta de la vida
Porque, queramos o no,
toda la soledad del mundo
se desgarra en los silencios de ese niño.

Hombre roto

Elevé mis rezos
y no fueron escuchados.
Mi llanto no llegó hasta vos.
Aquí estoy, Señor;
un hombre roto
que sólo quiere descansar.

ÍNDICE

BITÁCORA DE EXTRANJERÍA

Impreso en Estados Unidos
para Casasola LLC
Primera Edición
MMXX ©

ivvimmxx

Made in the USA
Middletown, DE
16 September 2021